BEI GRIN MACHT SICH
WISSEN BEZAHLT

- Wir veröffentlichen Ihre Hausarbeit,
  Bachelor- und Masterarbeit

- Ihr eigenes eBook und Buch -
  weltweit in allen wichtigen Shops

- Verdienen Sie an jedem Verkauf

Jetzt bei www.GRIN.com hochladen
und kostenlos publizieren

Bibliografische Information der Deutschen Nationalbibliothek:

Die Deutsche Bibliothek verzeichnet diese Publikation in der Deutschen National-
bibliografie; detaillierte bibliografische Daten sind im Internet über http://dnb.d-
nb.de/ abrufbar.

Impressum:

Copyright © 2011 GRIN Verlag, Open Publishing GmbH
Druck und Bindung: Books on Demand GmbH, Norderstedt Germany
ISBN: 9783668315662

Dieses Buch bei GRIN:

http://www.grin.com/de/e-book/199021/lieder-zur-foerderung-des-hoerverstehens-
im-daf-unterricht

Truc Quynh Tran

Lieder zur Förderung des Hörverstehens im DaF-Unterricht

Unterrichtsentwurf für das Lied "Deutschland" der Band "Die Prinzen"

GRIN Verlag

GRIN - Your knowledge has value

Der GRIN Verlag publiziert seit 1998 wissenschaftliche Arbeiten von Studenten, Hochschullehrern und anderen Akademikern als eBook und gedrucktes Buch. Die Verlagswebsite www.grin.com ist die ideale Plattform zur Veröffentlichung von Hausarbeiten, Abschlussarbeiten, wissenschaftlichen Aufsätzen, Dissertationen und Fachbüchern.

Besuchen Sie uns im Internet:

http://www.grin.com/

http://www.facebook.com/grincom

http://www.twitter.com/grin_com

1 Inhaltsverzeichnis

2 Einleitung

„Es hört doch jeder nur, was er versteht."

(Johann Wolfgang von Goethe)

Goethe äußerte, dass man nur höre, was man verstehe. Dadurch wird gezeigt, dass Hören und Verstehen eng miteinander verbunden sind und Hören nicht immer Verstehen bedeutet.

Die Fertigkeit Hörverstehen wird von vielen Fremdsprachendidaktikern als die wichtigste Fertigkeit gehalten und wird als eine „Basisfertigkeit" (Kieweg 2003: 18) betrachtet. Im Fremdsprachenlernprozess hat die Ausbildung der Fertigkeit Hörverstehen herausragende Bedeutung, da das Hören den Hauptanteil am Sprachgeschehen hat.

Die vorliegende Arbeit befasst sich mit der Fertigkeit Hörverstehen. In der Arbeit wird versucht, die Rolle dieser Fertigkeit zu verdeutlichen und eine Methode zur Förderung dieser Fertigkeit darzustellen. Die Arbeit setzt sich aus 4 Kapiteln zusammen. Der erste Teil dieser Arbeit widmet sich den verschiedenen Definitionen des Hörverstehens. Im Anschluss daran wird darauf eingegangen, welche Rolle das Hören im Fremdsprachenunterricht spielt. Dabei soll gezeigt werden, welchen Stellenwert das Hörverstehen im Fremdsprachenunterricht eingenommen hat bzw. einnimmt. Die Rolle des Hörverstehens in der Muttersprache wird hier nicht behandelt. Beim Hörverstehen gibt es verschiedene Hörstile. Welche dies sind, wird im nächsten Abschnitt beschrieben.

Die Fertigkeit Hörverstehen bereiten den Lernenden die größten Lernschwierigkeiten im Unterricht. Im Mittelpunkt dieses Kapitels stehen die Schwierigkeiten, mit denen die Lernenden beim Hören authentischer Hörtexte zu kämpfen haben. Die Gründe dafür sind sehr vielfältig.

Es gibt verschiedene Methoden, das Hörverstehen zu fördern. An dieser Stelle setzt die Arbeit an, eine Methode zur Förderung des Hörverstehens vorzustellen. Das ist die Arbeit mit Liedern. Lieder begleiten uns in der heutigen Welt auf Schritt und Tritt. Sie sind überall zu hören: auf den Straßen, im Supermarkt, im Restaurants. Ein Leben ohne Lieder ist kaum vorstellbar. Sie haben einen hohen Stellenwert in allen

Kulturen. Es gibt keine Kultur, in der es keine Lieder gibt[1]. Zunächst wird auf die Wirkungen von Liedern im Fremdsprachenunterricht eingegangen. Darauf folgt die Übungstypologie. Dadurch wird gezeigt, welche Aufgaben gestellt werden können. Das vierte Kapitel beschäftigt sich mit einem Didaktisierungsbeispiel. Die Theorien in den ersten drei Kapiteln werden anhand dieses Beispiels verdeutlicht. Bevor der Unterrichtsverlauf präsentiert wird, wird das zu didaktisierende Lied vorgestellt. Es wird auch begründet, warum das Lied ausgewählt wurde.

Die Arbeit schließt mit einer Zusammenfassung und einem Ausblick ab.

3 Hörverstehen

Im folgenden Kapitel wird zunächst darauf eingegangen, was das Hörverstehen überhaupt ist. Im Anschluss daran wird das Hörverstehen in der Fremdsprache erläutert. Die verschiedenen Hörstile werden danach vorgestellt. Darauf folgen die Schwierigkeiten beim Hörverstehen, mit denen die Lernenden konfrontiert werden.

3.1 Definition

Bisher gibt es noch keine genaue einheitliche Definition des Hörverstehens: „Despite numerous research studies and efforts to win recognition fort he field, consensus on a definition of listening has not yet been reached" (Feyten 1991:174).

Wie die Zusammensetzung von dem Wort *Hörverstehen* schon andeutet, besteht das Hörverstehen aus den zwei Komponenten: *Hören* und *Verstehen*. Unter *Hören* versteht man „die Fähigkeit des Gehörs, Schall aufzunehmen" und „das Verhalten, mit dem Gehörten umzugehen (Eggers 1996: 13). Wolff (1983: 285) bezeichnet *Verstehen* als eine „aktive Interpretation einer Sprechäußerung und die Durchführung der in der Sprechäußerung enthaltenen Handlungsanweisungen". "Hören und Verstehen sind Basis für das Sprechen und damit ist Hörverstehen im kommunikativen Fremdsprachenunterricht ganz automatisch eine ununterbrochene Begleiterscheinung" (Solmecke 1992: 4)

Nold/ Rossa (2007) plädiert dafür, dass Hörverstehen nicht gleichzusetzten mit „Hören" ist, da es über die akustische bzw. auditive Wahrnehmung hinaus auch Verstehen, Interpretieren und Reflektieren sprachlicher Äußerungen beinhaltet (vgl.

---

[1] Vgl. http://www.manfred-huth.de/fbr/lit/lied.html

Nold/ Rossa 2007: 178). Ähnlich wie bei Nold/ Rossa schreibt Solmecke in seinem Aufsatz:

„Der Begriff des Hörverstehens umfasst sowohl das Hören, als das Vorhandensein und die Ausübung der Fähigkeit, Schallwellen und damit auch sprachliche Laute über das Ohr aufzunehmen, als auch das Verstehen, das auf einer untersten Ebene die korrekte Lautidentifizierung und Bedeutungszuordnung und auf höheren Ebenen Sinnentnahme und Verarbeitung einschließt" (Solmecke 2001: 894)

Hörverstehen ist ein sehr komplexer und aktiver Prozess: „Listening comprehension is a process, a very complex process" (Buck 2010: 1). Des Weiteren handelt es sich hierbei um einen komplizierten und schnell ablaufenden Prozess, der viele Teilprozesse auf verschiedenen Ebenen umfasst und eine Hierarchie von Aktivitäten und Fähigkeiten voraussetzt (vgl. Solmecke 2001: 894ff). Laut Hermes (1998: 221) umfasst der Hörverstehensprozess Dekodieren, Konstruieren von Bedeutung und Interpretieren von Gemeintem. Es ist mitnichten eine rezeptive Fähigkeit, sondern ein aktiver Prozess, indem der Hörer nicht nur passiv etwas aufnimmt, sondern auch aktiv konstruiert (vgl. Solmecke 1992: 7). Es verlaufen immer zwei Prozesse beim Hörverstehen. Einerseits gehen Informationen vom Text zum Hörer (*bottom up*), andererseits muss das Wissen des Hörers aktiviert werden (*top down*) (vgl. Solmecke 2001: 895).

Die Fertigkeit ist eine Bedingung für erfolgreiche Kommunikation mit anderen Sprechern der Fremdsprache, sie ist aber auch notwendige Grundlage für die Teilnahme an der Zielkultur (z.B. Radio hören) und für das Zurechtfinden im Zielland (z.B. Lautsprecher-Durchsagen auf Flugplätzen oder Bahnhöfen, Telefonate).

3.2 Hörverstehen im Fremdsprachenunterricht

Die im vorherigen Kapitel dargestellten Informationen beziehen sich sowohl auf das Hörverstehen in der Muttersprache als auch das in der Fremdsprache. In diesem Kapitel soll nur das Hörverstehen im Fremdsprachenunterricht berücksichtigt werden, da das Hörverstehen in der Muttersprache leicht und das in der fremden Sprache komplizierter ist (vgl. Solmecke 1992: 4).

„Über das Hörverstehen in einer Fremdsprache weiß man bis heute noch nicht sehr viel", bestätigt Solmecke (2001: 896). Er weist noch darauf hin, dass die vor-

4

handenden Kenntnissen über das Hörverstehen entweder aus den Forschungsergebnissen des muttersprachlichen Hörverstehens oder über das Leseverstehen sind (vgl. Solmecke 2001: 896).

Es wird die Annahme betont, dass das Hören die wichtigste Fertigkeit ist und dass das Hören die drei anderen Fertigkeiten dominiert (u.a. Solmecke 2001: 893, Rampillon 1996, ...). Hörverstehen ist die am meisten verwendete Fertigkeit in der Alltagskommunikation. Folgende Aufgliederung wird genannt: Hören 42 %, Sprechen 32 %, Lesen 15 % und Schreiben nur 11 % (zit. n. Solmecke 2001: 893). Solmecke plädiert dafür, dass „die Fähigkeit, gesprochene Sprache verstehen und verarbeiten zu können, [...] eine unverzichtbare Grundbedingung für die erfolgreiche Teilnahme an mündlicher Kommunikation [ist]" (Solmecke 2001: 893).

Allerdings liegt ein Wiederspruch vor. Trotz der Erkenntnis, dass Hörverstehen die drei anderen Fertigkeiten aufräumt, wurde es in der Praxis weitgehend vernachlässigt. Es wurde häufig als ein Nebenprodukt von Sprechen, Schreiben und Lesen oder als ein „Stiefkind des Fremdsprachenunterrichts" behandelt (vgl. Zimmermann 1980: 3). Dies äußert sich in der Tatsache, dass diese Fertigkeit nicht viel trainiert wurde. Schumann/Vogel/Voss (1984: 13) schrieben:

„Darüber hinaus ist schließlich unter Sprachpraktikern immer noch häufig die Meinung anzutreffen, *Hörverstehen* bedürfe keiner spezifischen Ausbildung, da es sich als Begleiterscheinung des Sprechens und Schreibens einer Fremdsprache gleichsam von allein entwickele." (Schumann/ Vogel/Voss 1984: 13)

Es ist sehr erfreulich, dass das Hörverstehen heutzutage einen zunehmend höheren Stellenwert gewinnt. Man ist sich stärker bewusst, dass das Hörverstehen in der modernen Fremdsprache eine herausragende Rolle spielt. Es wird schon festgestellt, dass Hörverstehen die erste Grundfertigkeit ist, auf der jedes fremdsprachliche Lernen aufbaut, das später zu mündlicher Produktion führen soll (vgl. Hermes 1998: 221) und ist „grundlegend für alles Sprachenlernen, das dem Prinzip der Mündlichkeit folgt, [...] im muttersprachlichen Lernen wie auch im fremdsprachlichen" (Schmid-Schönbein 2007: 63).

Es kann keine Produktion von Sprache stattfinden, wenn die rezeptive Fertigkeit des Hörverstehens unzureichend ausgebildet wird. Hörverstehen ist kein Nebenprodukt anderer Fertigkeiten. Es soll daher geschult werden.

3.3 Hörstile

Je nach Lernstand und Lernziel werden unterschiedliche Hörstile berücksichtigt (vgl. Eggers 1996: 20, Krumm 2001: 1091, Dahlhaus 1994: 79). Die Anzahl der Hörstile variiert auch. Dahlhaus (1994: 79) unterscheidet zwischen intensiven und extensiven Hören, wobei das intensive Hören auch als detailliertes (totales) Hören bezeichnet wird. Beim extensiven Hören sind hingegen nicht alle Informationen wichtig. Hier wird zwischen zwei Hörstilen unterschieden: selektives (selegierendes) Hören und globales (kursorisches) Hören.

Anders als Dahlhaus nennt Eggers (1996: 20) in dem Beitrag „Hörverstehen: Bestandsaufnahme und Perspektiven" vier Hörstile: globales, selektives, selegierendes und detailliertes Hörverstehen. Unter globalem Verstehen versteht man das „Hineinhören in einen Hörtext, um nach dem Kongruenzprinzip Informationen zu entnehmen, die man im top-down-Prozess erwartet" (Eggers 1996: 20). Es wird versucht, Schlüsselwörter zu verstehen oder einen Einblick in die Textstruktur zu bekommen (vgl. Eggers 1996: 20). Im Unterschied zum globalen Hörverstehen wird beim selektiven Hörverstehen die Konzentration auf bestimmte Informationen gelenkt, von denen der Hörer weiß, dass sie im Text vorkommen werden. Es geht dabei um Namen, Daten, Zahlen, aber auch Wörter, Definitionen, Thesen und Argumente. Selegierendes Hörverstehen ist ein Hörstil, der aufgrund persönlicher Entscheidung des Hörers erfolgt. Dem Hörtext werden wesentliche Inhalte entnommen, um den Text ggf. zusammenfassen zu können. Beim detaillierten Hörverstehen sollen die Hörtexte im Detail erfasst werden. Der Verarbeitungsprozess läuft sowohl bottom up als auch top down (vgl. Eggers 1996: 20).

Eggers nennt noch reflektierendes und totales Hörverstehen als weitere Hörstile, wobei das totale Hörverstehen im engeren Sinn vernachlässigt werden kann, weil es in der Muttersprache kaum vorkommt. Reflektierendes Hörverstehen wird mit in das detaillierte Hörverstehen einbezogen (vgl. Eggers 1996: 20).

3.4 Schwierigkeiten beim Hörverstehen

Da es sich beim Hörverstehen um eine der komplexesten Fertigkeiten beim Erlernen einer Fremdsprache handelt, haben viele Fremdsprachenlerner Schwierigkeiten beim Hören eines Textes. Wenn man danach fragt, wo genau das Problem beim Hörverstehen liegt, merkt man, dass es sehr viele Gründe gibt. Die Schwierigkeiten können sowohl sprachlich formale als auch inhaltliche Ursachen haben (vgl. Solmecke 2003: 7). Im Folgenden soll nun näher erläutert werden, mit welchen Schwierigkeiten bzw. Problemen die Lernenden beim Hörverstehen besonders im Fremdsprachenunterricht konfrontiert werden.

Eine Erklärung dafür, warum den Lernenden das Hörverstehen schwer fällt, ist, dass Hörverstehen ein komplexer mentaler Prozess ist (vgl. Rampillon 1996: 65). „Das Hörverstehen selbst kann nicht gelehrt werden, es können nur Situationen geschaffen und Materialien präsentiert werden, an denen die Schülerinnen und Schüler versuchen" (Hermes 1998: 221).

Solmecke (2001: 896) plädiert dafür, dass nicht nur der Text selbst sondern auch die Eigenschaft des Textes in Bezug auf den Hörer und seine jeweilige Verstehenskompetenz entscheidet, wie schwer ein Hörtext ist. Das Sprachniveau, Vorwissen und die Verstehensstrategien spielen dabei auch eine wichtige Rolle (vgl. Solmecke 2001: 896). Das schnelle Sprechen trägt auch dazu bei, dass die Lernenden das frustrierende Gefühl haben, nichts verstanden zu haben. Anders als beim Lesen ist das Tempo der Textaufnahme vom Sprecher abhängig. Die Lernenden können nicht bestimmen, wie schnell der Text gesprochen wird. In den frühen Stadien des Erlernens einer Fremdsprache brauchen wir besonders viel Zeit für das Hören und Verstehen, da viele Teilprozesse noch nicht automatisiert sind und daher nur wenig Zeit beanspruchen, sowie bewusst und mit Pausen bewältigt werden müssen (vgl. Solmecke 2003: 5).

Ein weiteres Problem liegt darin, dass es viele Einzellaute sowie Lautkombinationen gibt, die in der Muttersprache nicht vorkommen. Bei ihrer Identifikation haben die Lernenden aus diesem Grund Schwierigkeiten. Hinzu kommen noch der Sprecherwechsel und der damit verbundene Wechsel zwischen regionalen, sozialen und individuellen Aussprachevarianten, die den Verstehensprozess erschweren oder sogar beenden. Die Identifikation und Interpretation grammatischer Strukturen ist in den Anfangsphasen des Fremdsprachenlernens noch kaum automatisiert und erfordert daher zeitraubende Denk- und Erinnerungszeit.

Solmecke (2001: 897) weist noch darauf hin, dass die Neigung der Anfänger und wenig Fortgeschrittene, einen Text nicht ganzheitlich, sondern additiv, also Wort für Wort verstehen zu wollen besonders problematisch ist. Die Speicherkapazität des Kurzzeitgedächtnisses durch die Fülle der zu behaltenden Einzelinformationen erschöpft sich dadurch sehr schnell und der Vorgang des Verstehens wird abgebrochen (vgl. Solmecke 2001: 897). Es ist von Bedeutung, wie die Aufgabenstellung formuliert wird, weil der Schwierigkeitsgrad auch von der Aufgabenstellung abhängt (vgl. Solmecke 1992: 11).

Hörverstehen bereitet den Lernenden viele Schwierigkeiten, die im Unterricht zu bewältigen sind. Die oben genannten Schwierigkeiten können zur Blockade des Verstehensvorganges oder zur Angst vor dem fremdsprachlichen Hörverstehen führen (vgl. Solmecke 2001: 897). Im Rahmen meiner Arbeit möchte ich eine Möglichkeit vorstellen, die das Hörverstehen fördert, nämlich durch den Einsatz von Liedern.

4 Lieder

Zunächst soll kurz auf die Wirkungen von Liedern eingegangen werden. Im Anschluss daran werden die Kriterien zur Auswahl der Lieder erläutert. Die Übungstypologie wird darauf folgend vorgestellt.

4.1 Wirkungen von Liedern im Fremdsprachenunterricht

Musik war und ist in allen Kulturen der Welt eine wichtige Form der menschlichen Kommunikation[2]. Wangerin stellte wie folgt fest:

> „Musik besitzt, anders als Literatur und bildende Kunst, eine physiologische Wirkung. Sie erregt oder entspannt den Organismus, beeinflusst Puls, Atmung und Konzentrationsfähigkeit, ruft Impulse wach." (Wangerin 2006: 13)

Der Einsatz von Liedern stellt den Lernenden einen besonderen Anreiz zum Umgang mit der Fremdsprache dar und hilft ihnen beim Fremdsprachenerwerb. Außerdem lockern sie den Unterricht auf, weil das Mitsingen Spaß macht[3]. Karyn (2006: 547) nennt folgende Erkenntnisse, die für den Einsatz von Liedern im Fremdsprachenunterricht: die Ähnlichkeit von Sprache und Musik, bessere Behaltensleistung durch mehrkanaliges Lernen, Förderung der Motivation.

Lieder sind authentische Hörmaterialien, die die Kompetenz des Hörverstehens der Lernenden erweitern (vgl. Eunen 1992: 39). In den meisten DaF-Lehrwerken

---

[2] Vgl. http://www.manfred-huth.de/fbr/lit/lied.html

[3] http://www.manfred-huth.de/fbr/lit/lied.html

werden Lieder und Musik verwendet (u.a. *Sowieso, Tangram, Optimal, Deutsch mit Grips, eurolingua Deutsch⁴* usw.) (vgl. Karyn 2006: 549).

Die Arbeit mit Musik hat sich als eine sehr effektive und innovative Methode im Fremdsprachenunterricht erwiesen. Sie ist nicht als „Bonbon am Freitag in der sechsten Stunde" zu verstehen, sondern als eine Textsorte, mit der Lernfortschritte erzielt werden können (vgl. Aguiló Borràs u.a. ...: 40).

Das sind einige Gründe, die für den Einsatz von Liedern im Fremdsprachenunterricht sprechen. Im nächten Kapitel wird versucht, die verschiedenen Aufgaben vorzustellen, wie ein Lied didaktisiert wird.

4.2 Übungstypologie

Die Arbeit mit Liedern unterliegt auch der gängigen Phasierung des Hörverstehens: vor dem Hören, während des Hörens und nach dem Hören (vgl. Karyn 2006: 548). In diesem Kapitel wird gezeigt, welche Aufgaben vor, während und nach dem Einsatz von Liedern gemacht werden, um das Hörverstehen im Unterricht zu fördern.

4.2.1 Aufgaben vor dem Hören

Aufgaben vor dem Hören dienen dazu, die Lernenden zu motivieren, und sie auf den Hörtext neugierig zu machen. Anhand dieser Aufgaben werden die Erwartungen aufgebaut. Der Hörtext wird dadurch vorbereitet und vorentlastet. Den Lernenden stehen die benötigten Informationen zur Verfügung, um damit „den Text so intensiv wie möglich und so intensiv wie nötig zu verstehen" (vgl. Dahlhaus 1997: 77f).

4.2.1.1 Assoziogramm, Wortigel

Das Assoziogramm ist sehr geeignet für die Aktivierung des Vorwissens. Die Arbeit mit einem Assoziogramm bietet den Lernenden die Möglichkeit, in die Thematik des Liedes eingeführt zu werden. Des Weiteren wird das inhaltliche und sprachliche Vorwissen in Bezug auf das Thema aktualisiert. Es wird ein Stichwort an die Tafel geschrieben. zB. Der Titel des Liedes. Die Lernenden sollen ihre Assoziation zu dem Wort aufschreiben (vgl. Dahlhaus 1997: 52f).

---

⁴ Ein Überblick über die Verwendung von Liedern in Lehrwerken ist in dem Aufsatz „Lieder und Musik in DaF-Lehrwerken" von Karyn (2006: 550f) verfügbar.

9

4.2.1.2 Illustration durch Einzelbild oder Bildsalat

Das Thema kann auch durch Illustration/ Illustrationen eingeführt werden. Eine Illustration macht eine Situation, die nur gehört wird, „sichtbar". Was die Auswahl der Illustrationen betrifft, sind die zu nehmen, die eine Handlung oder Situation in dem Lied beschreiben, das gespielt wird (vgl. Dahlhaus 1997: 59).

Eine andere Möglichkeit ist es, eine Sequenz von Bildern, die Hinweise auf den Verlauf der Handlung in dem Lied geben, zu zerschneiden und in ihrer Reihenfolge zu verändern. Die Lernenden haben die Aufgabe, die Bilder in die ursprüngliche Reihenfolge zu rekonstruieren (vgl. Dahlhaus 1997: 62f)

Dahlhaus (1997: 62) nennt folgende Ziele einer Illustration:

- Visualisierung der im Hörtext dargestellten Situationen

- Vorentlastung wichtiger Begriffe und Redemittel

- Motivierung der Schüler

- Aufbau einer Erwartungshaltung/ Hörerwartung

- Aktivieren von Vorwissen.

4.2.1.3 Arbeit mit Satzkarten

Mit Hilfe von Satzkarten können auch anspruchsvollere Liedtexte im Anfängerunterricht behandelt werden. Ein Stapel von Satzkarten, die eine vereinfachte Version des zu hörenden Liedtextes sind, wird den Lernenden zur Verfügung gestellt. Sie müssen versuchen, die einzelnen Sätze zu verstehen und sie so zu legen, dass es eine interessante Geschichte entsteht. Anschließend wird die Geschichte aufgeschrieben. Durch diese Satzkarten werden die Vokabeln, die im Lied vorkommen, gelernt und das erleichtert das Verstehen des Liedes. Die Arbeit mit Satzkarten hat den Vorteil, die Aufmerksamkeit der Lernenden auf wesentliche Aussagen im Liedtext zu lenken und entscheidende Verstehenshindernisse aus dem Weg zu räumen (vgl. Dahlhaus 1997: 64).

Außer der oben genannten Möglichkeiten nennt Ida Dringó-Horváth[5] noch folgende Möglichkeiten, die vor dem Hören eines Liedes eingesetzt werden:

---

[5] http://www.daf-online.hu/kre/Spiele_Lieder.pdf

- Infos über Sänger/ Musikgruppe bzw. Musikstil sammeln

- Titel des Liedes angeben und W-Fragen aufschreiben, auf die wir eine Antwort vom Lied erwarten.

- Wörter aus dem Lied angeben und die Lernenden über möglichen Kontext des Liedes spekulieren lassen

- Aussagen aus Lied und Bildern erfassen. Die Lernenden müssen die Aussagen den Liedern zuordnen

(vgl. Dringó-Horváth: 4)

4.2.2 Aufgaben während des Hörens

Aufgaben während des Hörens „dürfen nicht sehr viel Zeit in Anspruch nehmen bzw. müssen den Hörprozess so begleiten, dass die Schüler dabei dem Hörtext folgen können" (Dahlhaus 1997: 78). Aufgaben vor dem Hören und Aufgaben während des Hörens sollen sinnvoll miteinander kombinierbar sein (vgl. Dahlhaus 1997: 78).

Dringó-Horváth unterscheidet Aufgaben während des 1. und des 2. Hörens:

4.2.2.1 Aufgaben während des 1. Hörens

Zu den möglichen Aufgaben während des 1. Hörens werden folgende Aufgaben gezählt:

- Überprüfung des Assoziogramms, das vor dem Hören erstellt wird.
- Antwort auf die W-Fragen suchen, die vor dem Hören gestellt werden.
- Musikbarometer-Zeiger einstellen (z.B. 1-20 oder cool-doof)
- Raster ausfüllen
- Teile des Liedes lesen und spekulieren lassen
- Das Gehörte aufschreiben/ zeichnen
- Verstehensinsel schaffen: Wörter und Wortfragmente notieren, gemeinsam über Zusammengehörigkeiten nachdenken. Beim 2. Hören wird des kontrolliert und ergänzt.
- Wenn ein bestimmtes Wort vorkommt, aufstehen und die Hand heben.
- Aufzählen lassen, wie oft ein Wort/ Satz vorkommt

(vgl. Dringó-Horváth: 5)

11

Beim 1. Hören kann auch nur mit Musik gearbeitet werden. Die Lernenden sollen während des Hörens der Musik aufden Rhythmus achten. Sie sollen den Rhythmus zeichnen, die Musik beschreiben, Musikinstrumente identifizieren oder über die Musik, den Rhythmus, die Stimmen sprechen (vgl. Dringó-Horváth: 5).

4.2.2.2 Aufgaben während des 2. Hörens

Das Lied wird zum 2. Mal gespielt. Dabei handelt es sich um die detaillierte Überprüfung des Hörverstehens. Dringó-Horváth nennt folgende Aufgaben, die beim 2. Hören gestellt werden können:

- Lückentext
- Das Lied rekonstruieren lassen
- Reime herausfinden
- Falschen Text des Liedes korrigieren lassen
- Richtig-Falsch Aufgaben
- Multiple Choice Aufgaben
- Zuordnung der Bilder zu den Strophen oder Zeilen

(vgl. Dringó-Horváth: 5)

3.2.1   Aufgaben nach dem Hören

Es ist in realen Kommunikationssituationen üblich, auf das Gehörte schriftlich oder mündlich zu reagieren (vgl. Dahlhaus 1997: 117). Aufgaben nach dem Hören können sich nach den Fertigkeiten Schreiben und Sprechen richten.

• Fertigkeit Schreiben

- Parallellied schreiben
- Das Lied weiterschreiben
- eine Geschichte zum Thema des Liedes schreiben
- Brief an den Sänger schreiben
- Kritik, Kommentar bzw. Forum-Beitrag schreiben

• Fertigkeit Sprechen

- Umfrage über das Lied herstellen
- das Lied mündlich zusammenfassen

- andere Titel für das Lied erfinden

- Dialoge, Rollenspiele mit dem Liedtext spielen

- Über das Thema, die Handlungen des Liedes sprechen

(vgl. Dringó-Horváth: 5f)

4.3 Kriterien zur Auswahl eines Liedes

Es stellt sich die sehr wichtige Frage, welche Lieder im Unterricht eingesetzt werden sollen, nach welchen Kriterien ein Lied ausgewählt werden soll. Die richtige Wahl des Liedes spielt eine wichtige Rolle beim Erfolg des Unterrichts. Die Wahl eines Liedes hängt von vielen Faktoren ab, wie dem Alter, dem Niveau, dem Lernziel usw.

Es gibt viele Kriterien, die bei der Auswahl der Lieder beachtet werden. Folgende Auswahlkriterien helfen den Lehrenden bei der Suche nach einem passenden Lied für den Unterricht:

- Lieder, die Spaß machen und motivieren

- Lieder, die nicht zu lang sind

- Lieder, die einen geeigneten Rhythmus haben

- Lieder, deren Thema die Lernenden anspricht

- Lieder, mit Refrain

- Lieder mit Wiederholungen

- Lieder, die dem Musikgeschmack, dem Alter und dem Sprachstand der Lernenden entsprechen

- Lieder mit verständlicher, deutlicher Aussprache des Sängers

- Lieder mit landeskundlichen Aspekten

(vgl. Karyn: 2006, ...)

5 Didaktisierungsbeispiel

Dieses Kapitel befasst sich mit einer Didaktisierung eines Liedes. Diese Didaktisierung hat zum Ziel, die bisherigen Theorien umzusetzen und beispielhaft zu verdeutlichen. Die folgende Didaktisierung liegt eine konkrete Lernergruppe zu Grunde, nämlich Jugendliche im Alter von 18-21, die über ein A2-Niveau verfügen.

Das Lied, das zum Didaktisieren ausgewählt wird, ist „Deutschland" von der Musikband „die Prinzen"[6].

4.1 Begründungen für die Wahl des Liedes

Ein Lied soll zielgerichtet ausgewählt werden. Da meine Lerngruppe Jugendliche von 18-21 umfasst, die über ein A2-Niveau verfügt, soll ein Lied ausgewählt werden, das altersgerecht und sprachlich angemessen ist.

Das Lied „Deutschland" von der Musikband „die Prinzen" wurde ausgewählt, da das Thema des Liedes für jeden Deutschlernenden interessant ist. Das Lied entspricht fast allen Auswahlkriterien, die oben genannt werden. Wegen der Verständlichkeit des Liedtextes und der sich oft wiederholenden Sprachstrukturen und Wörter ist das Lied für A2-Niveau sehr geeignet.

5.1 Unterrichtsentwurf

Der vorliegende Unterrichtsentwurf zeigt die Herangehensweise an das Lied „Deutschland".

Zielgruppe: vietnamesische Jugendliche (18-21 Jahre alt)

Anzahl der Kursteilnehmer: 18

Niveau: A2

Dauer: 90 Min.

Ziel: selektives und globales Hören

Das Lied: Deutschland (Dauer: 3:41)

---

[6] http://www.youtube.com/watch?v=MOm6yPPjqls

Zeit	Phase	Lernziel	Aktivitäten der KL[7]	Aktivitäten der KT	Sozialform	Medien
5	Einstiegsphase	Hinführung zum Thema	Einen Landumriss zeigen und fragen, welches Land das ist.	Antworten, zu welchem Land der Umriss gehört.	Plenum	Landumriss
10		Vorwissen aktivieren	Die Klasse in 4 Gruppen teilen, jede Gruppe bekommt einen Umriss von Deutschland.	Die KT müssen Fakten über Deutschland sammeln	GA	Umrisse von Deutschland
15	Erschließungsphase	Globales Hören	Den Lernenden Fragen zu dem Lied geben und das Lied Deutschland spielen lassen. Danach werden die Antworten im Plenum diskutiert.	Die KT hören das Lied und versuchen die Fragen zu beantworten	EA Plenum	Arbeitsblatt 1
10		Selektives Hören	Das Lied zum 2. Mal spielen lassen und die KT auffordern, die im Lied gehörten Fakten zu unterstreichen, die sie vorher aufgeschrieben haben.	sich in Gruppen zusammensetzen und die Fakten, die sie vor dem Hören aufgeschrieben haben mit den Fakten im Lied vergleichen. Die gleichen Fakten unterstreichen.	GA	
15		Selektives Hören	Lückentext verteilen und das Lied nochmal spielen lassen. Danach wird das Ergebnis im Plenum verglichen.	Den Lückentext ausfüllen	EA Plenum	Arbeitsblatt 2
20	Festigungsphase	Leseverstehen Sprechen	Die KT in 5 Gruppen aufteilen. Den Liedtext verteilen und die KT fragen, was sie für richtig halten bzw. was nicht und die KT aufzufordern, ein Bild von den Deutschen zu malen	Über das deutsche Bild im Lied diskutieren und ihr persönliches deutsches Bild zeichnen	GA	Bunte Papiere Bunte Stifte
15		Sprechen Interkulturelle Kultur Landeskunde	Die KT auffordern, Ein Bild von den Vietnamesen zu zeichnen.	Ein Bild von den Vietnamesen zu zeichnen. Die Fakten, die sie über die Deutschen wissen und die Fakten über die Vietnamesen vergleichen	GA	Bunte Papiere Bunte Stifte

---

[7] KL ist die Abkürzung für Kursleiter, KT ist die Abkürzung für Kursteilnehmer.

15

Das Hauptlernziel der Unterrichtseinheit ist es, das selektive und globale Hörverstehen zu trainieren. Es werden Aufgaben vor, während und nach dem Hören gestellt. Vor dem Hören gibt es zwei Aufgaben, die der Vorentlastung dienen. Als Einstieg in das Thema wird ein deutscher Landumriss[8] benutzt. Die Lernenden müssen das Stichwort „Deutschland" selbst herausfinden, indem sie antworten, zu welchem Land der Umriss gehört. Danach müssen sie aufschreiben, was ihnen zu dem Wort „Deutschland" einfällt. Dieser Schritt hilft ihnen, ihr Vorwissen über Deutschland und den Wortschatz hierzu zu aktivieren. Möglichst viele Wörter, die im Lied vorkommen, sollen in dieser Phase von den Lernenden genannt werden. Dies erleichtert das Verstehen des Liedtextes.

Das ganze Lied wird anschließend gespielt. Das Arbeitsblatt bekommen die Lernenden schon vor dem Hören, damit sie sich beim Hören orientieren können und den passenden Hör-Stil einsetzen können. Bei dieser Phase müssen die Lernenden noch nicht viel auf die Sprache achten. Sie müssen sich hauptsächlich auf die Musik konzentrieren und global verstehen, worum es sich in dem Lied handelt.

Beim 2. Hören müssen die Lernenden die Fakten, die sie vor dem Hören gesammelt haben zur Hand nehmen. Sie müssen sich während des Hörens darauf konzentrieren, welche Fakten auch im Lied vorkommen und diese dann unterschreiben. Hier wird der in dem ersten Schritt erarbeitete Wortschatz aktiviert. Das selektive Hörverstehen wird hier eingeübt, was den Lernenden bei der Begegnung mit der Zielsprache in realen Situationen zugutekommt.

Das Lied wird zum 3. Mal abgespielt. In dieser Phase steht das selektive Hörverstehen im Vordergrund. Die Aufgabe bezieht sich auf sprachliches Handeln. Die Lernenden bekommen einen unvollständigen Lied-Text. Während des Hörens haben sie die Aufgabe, die Lücken zu vervollständigen. Da die Lernenden noch auf A2-Niveau sind, werden Wörter weggelassen, die den Lernenden vertraut sind, damit sie beim Hören nicht überfordert sind. Die Arbeitsblätter sollen zur Bewusstmachung des Inhalts dienen.

Der ganze Lied-Text steht den Lernenden nach dem Hören zur Verfügung. Sie haben in dieser Phase die Möglichkeit, ihre eigene Meinung zu dem Inhalt des Liedes zu äußern. Das Lied wird in der Festigungsphase als Text für das Sprechen ver-

---

[8] https://commons.wikimedia.org/wiki/File:Germany_location_map.svg

wendet. Es wird auch Bezug auf den kulturellen Hintergrund der Lernenden genommen, indem sie über sich selbst berichten und einen Vergleich zwischen einem deutschen Bild und einem vietnamesischen Bild machen.

6 Zusammenfassung und Ausblick

Die vorliegende Arbeit soll deutlich machen, wie wichtig das Hörverstehen im Fremdsprachenunterricht ist und dass dieser Fertigkeit viel Aufmerksamkeit geschenkt werden soll. Je nach Lernziel soll bestimmte Hör-Stile eingesetzt werden. Die Lernenden haben mit vielen Schwierigkeiten zu kämpfen, da Hörverstehen ein komplexer Prozess ist. Die Probleme können sowohl in den Texteigenschaften, als auch in den Sprachbenutzern selbst liegen (vgl. Solmecke 2003: 7).

Die Arbeit hat eine Methode vorgestellt, die die Angst der Lernenden vor dem Hörverstehen abbaut und die das Hörverstehen im Fremdsprachenunterricht unterstützt. Diese Methode ist der Einsatz von Liedern im Fremdsprachenunterricht, welches auch Entspannung und Bewegung in den Unterricht bringt (vgl. Karyn 2006: 547). Mit Hilfe von Internet sind Lieder heutzutage sehr schnell und einfach zu finden und einzusetzen. Darüber hinaus entscheidet die Auswahl des Liedes den Lernerfolg des Unterrichts. Die Lehrkraft soll zur Kenntnis nehmen, nach welchen Gesichtspunkten ein Lied ausgewählt wird. Es wird auch in der Arbeit der Versuch unternommen, verschiedene Möglichkeiten bei der Arbeit mit einem Lied zur Förderung des Hörverstehens zu zeigen. Die Arbeit mit Liedern löst bei den Lernenden ein angenehmes positives Lerngefühl aus.

Die vorgestellte Didaktisierung war dafür gedacht, beispielhaft zu zeigen, wie ein Lied eingesetzt wird, um das Hörverstehen zu trainieren. Es gibt viele didaktisierte Lieder in den Lehrwerken. Allerdings ist die Auswahl und Vorgehensweise bei der Arbeit mit Liedern sowohl von Lehrwerk zu Lehrwerk, als auch innerhalb eines Lehrwerkes sehr unterschiedlich.

Die Lehrenden sollen sich einen Überblick in mehreren Lehrwerken verschaffen, um geeignete und gelungene Didaktisierungen zu finden, um diese im Unterricht einsetzen zu können (vgl. Karyn: 2006: 554).

7 Literatur

Aguiló Borràs, Carmen u.a. (1995): "Stracciatella"..."Wer ist der Typ?" Lieder im Anfangsunterricht. In: *Fremdsprache Deutsch 13* (1995), S. 40-44

Buck, Gary (2010): *Assessing Listening*. Cambridge University Press.

Dahlhaus, Barbara (1997): *Fertigkeit Hören*. (Fernstudieneinheit 5), Berlin, München u.a., Goethe-Institut u. Langenscheidt.

Dringó-Horváth, Ida: Methodik – Didaktik DaF. Spiele und Lieder im Fremdsprachenunterricht

http://www.daf-online.hu/kre/Spiele_Lieder.pdf

Eunen, K. van: Life is Music – oder etwa nicht? Lieder im Deutschunterricht. In: *Fremdsprache Deutsch, 7* (1992), S. 39-43

Feyten, Carine M. (1991): the power of listening ability: an overlookes demension in language acquisition. In: *The modern Language Journal 75*, S. 173-180

Hermes, Liesel (2007): Hörverstehen. In: Timm, Johannes-P. (Hrsg.)(2007): *Englisch lernen und lehren*. Berlin. Cornelsen, S. 221-228.

Huth, Manfred: Lieder und Musik im DaF-Unterricht http://www.manfred-huth.de/fbr/lit/lied.html

Karyn, Alicja (2006): Lieder und Musik in DaF-Lehrwerken. In: *Info DaF 33/6* (2006), S. 547-556

Kieweg, W. (2003): Mentale Prozesse beim Hörverstehen. In: *Der fremdsprachliche Unterricht (Englisch)*. Themenheft: Hörverstehen 64/ 65, S. 18-22

Nold, Günther/ Rossa, Henning (2007): Hörverstehen. In: Beck, Bärbel/ Klieme, Eckhard (Hrsg.) (2007): *Sprachliche Kompetenzen. Konzepte und Messung. DESI-Studie (Deutsch Englisch Schülerleistungen International)*. Weinheim u.a. Beltz, S. 178-196

URL:http://www.pedocs.de/volltexte/2010/3253/pdf/Nold_Rossa_Hoerverstehen_20 07_D_A.pdf (letzter Zugriff am 27.08.2011)

Rampillon, Ute (^{3}1996): Hörverstehen. In: Rampillon, Ute (Hrsg.) (1996): *Lerntechniken im Fremdsprachenunterricht: Handbuch*, Ismaning: Hueber, S. 65-79

Schmid-Schönbein, Gisela (2007): *Didaktik: Grundschulenglisch. Anglistik. Amerikanistik.* Cornelsen Verlag, Berlin.

Schröder, Konrad (1977): Hörverständnis und Fremdsprachenplanung. In: Dirven, Rene' (1977), S. 14-26

Schumann, Adelheid, Klaus, Vogel, Bernd, Voss (Hrsg.) (1984): *Hörverstehen.* Tübingen

Solmecke, Gert (1992): Ohne Hören kein Sprechen. Bedeutung und Entwicklung des Hörverstehens im Deutschunterricht. In: *Fremdsprache Deutsch, H.7, „Hörverstehen",* Nov. 1992, S. 4-11

Solmecke, Gert (2001): Hörverstehen. In: Helbig, G. / Götze, L. /Henrici, G. / Krumm, H. (Hrsg.) (2001): *Deutsch als Fremdsprache. Ein internationales Handbuch.* Berlin, S. 893-900

Solmecke, G. (2003): Das Hörverstehen und seine Schulung im Fremdsprachenunterricht. In: *Der fremdsprachliche Unterricht Englisch,* 37 , S. 4-10

Wangerin, Wolfgang (2006): *Musik und bildende Kunst im Deutschunterricht.* Baltmannsweiler: Schneider Verlag, 2006

Wolff, Dieter (1983): Überlegungen zum Hörverstehen im Fremdsprachenunterricht. In: *Die neueren Sprachen* 82 4/1983, 282-287

Zimmermann, Günther (1980): Schwierigkeitsfaktoren und Progression im Lernbereich Hörverstehen. In: *Praxis 27.* 1/1980, 3-12

8 Anhang

Germany location map By NordNordWest [GFDL
(http://www.gnu.org/copyleft/fdl.html) or CC BY-SA 3.0
(http://creativecommons.org/licenses/by-sa/3.0)], via Wikimedia Commons,
https://commons.wikimedia.org/wiki/File%3AGermany_location_map.svg